HOUGHTON MIFFLIN

Juntos

INVITACIONES

Houghton Mifflin Company • Boston

Atlanta • Dallas • Geneva, Illinois • Palo Alto • Princeton

HOUGHTON MIFFLIN

Juntos

Autores principales

David Freeman
Yvonne S. Freeman

Autores

Margarita Calderón
Alan Crawford
J. Sabrina Mims
Tina Saldivar

Autores de consulta

J. David Cooper
John J. Pikulski
Sheila W. Valencia

Asesores

Dolores Beltrán
Gilbert G. García
Edgar Miranda

Asesoras literarias

Yanitzia Canetti
Margarita Robleda

INVITACIONES

Houghton Mifflin Company • Boston

Atlanta • Dallas • Geneva, Illinois • Palo Alto • Princeton

Cover and title page photography by Tim Turner.

Cover illustration from *A Color of His Own*, by Leo Lionni. Copyright
© 1975 by Leo Lionni. Reprinted by permission of the author.

Acknowledgments appear on page 204.

Printed in the U.S.A.

ISBN 0–395–78681–9

6789–xx–02 01 00 99 98 97

Todos juntos

LIBRO GRANDE **EXTRA**

Insectos y otros amiguitos

LIBRO GRANDE **EXTRA**

El piojo y la pulga
una canción por José-Luis Orozco
ilustrada por Fian Arroyo

En el mismo libro...
un artículo sobre insectos, una canción
y una receta

Antología

LIBRO DE BOLSILLO **EXTRA**

Lombrices maravillosas
no-ficción por Linda Glaser
ilustrada por Loretta Krupinski

En el mismo libro...
poesía y datos divertidos

Acerca de Taro Gomi

De niño, a Taro Gomi no le gustaba el arte. Pero más adelante, el señor Gomi aprendió a escribir y a ilustrar libros. Y ahora le encanta aprender cosas nuevas, como a la niña de *Mis amigos*. Hasta ahora, ha aprendido a esquiar, cocinar y jugar al tenis.

MIS AMIGOS

De mi amigo el gato, aprendí a caminar.

De mi amigo el perro, aprendí a saltar.

De mi amigo el mono, aprendí a treparme.

De mi amigo el caballo, aprendí a correr.

De mi amigo el gallo, aprendí a marchar.

De mi amigo el cocodrilo,

aprendí a dormir la siesta.

De mi amiga la mariposa,
aprendí a oler las flores.

De mi amigo el conejo,

aprendí a esconderme.

De mi amiga la hormiga,

aprendí a explorar la tierra.

De mi amigo el gorila,
aprendí a patear.

De mi amigo el búho,
aprendí a mirar el cielo en la noche.

De mis amigos los pájaros,
aprendí a cantar.

De mis amigos los libros,

aprendí a leer.

De mis amigos los maestros,

aprendí a estudiar.

De mis amigos de la escuela,

aprendí a jugar.

Todos juntos

aprendí a jugar.

Y de un amigo como tú,
aprendí a querer.

ERES EL MAESTRO

La niña de este cuento tiene amigos que le enseñan muchas cosas. Tú también puedes enseñar. Enséñale a un amigo cómo hacer algo que hayas aprendido.

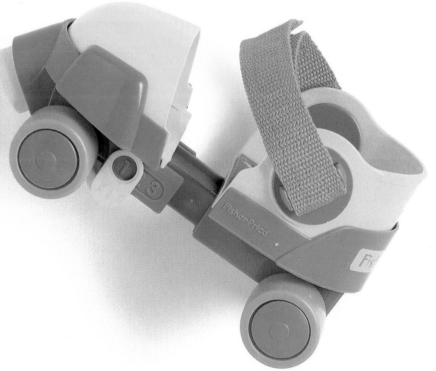

43

LIBRO GRANDE **EXTRA**

Paco y su familia
por Maxine S. Durán
versión en rima por
Yanitzia Canetti

llama

tortuga

Índice

¡MIRA **CÓMO** LEO!

¡MIRA **CÓMO** LEO!

¡MIRA **CÓMO** LEO!

LIBRO DE BOLSILLO **EXTRA**

Acerca de Byron Barton

Byron Barton nació en Rhode Island. De niño, le encantaba su casa. Era un excelente lugar para jugar porque había montones de madera, graneros y áticos. El Sr. Barton ha escrito e ilustrado muchos libros.

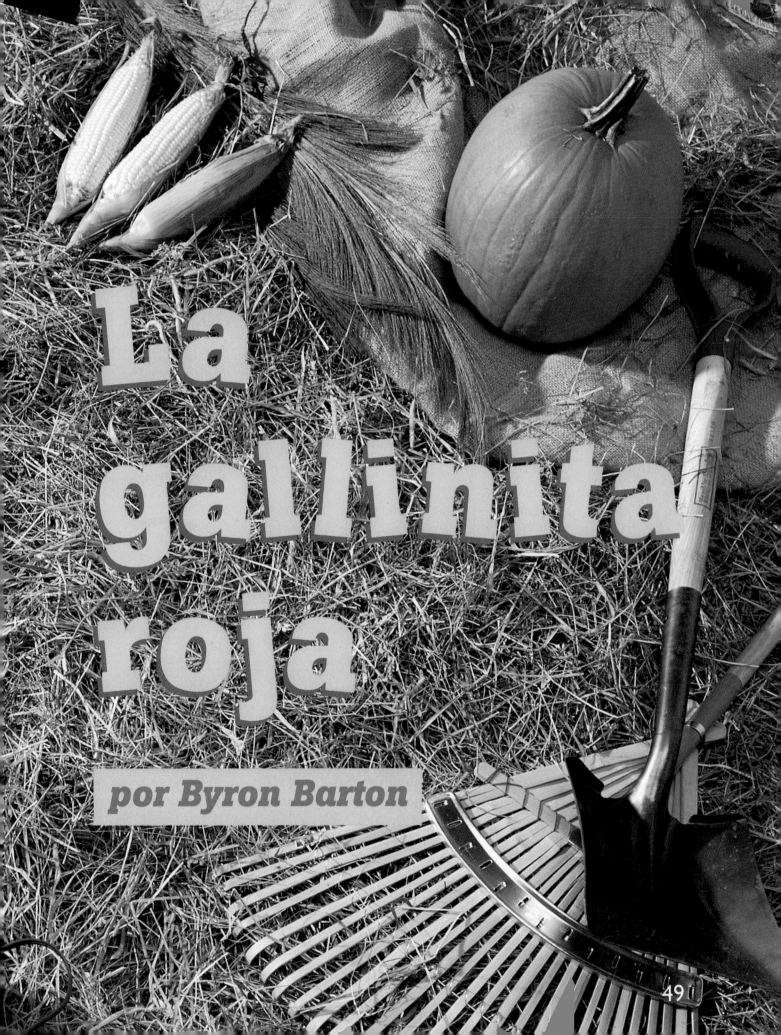

La gallinita roja

por Byron Barton

Había una vez cuatro amigos

—un cerdo,

un pato,

50

un gato

y una gallinita roja.

La gallinita roja tenía tres pollitos.

Un día la gallinita roja estaba picoteando la tierra

y encontró unas semillas.

Fue a donde sus tres amigos y les preguntó:
—¿Quién me ayudará a plantar estas semillas?

—Yo no —resopló el cerdo.

—Yo no —dijo el pato.

—Yo no —maulló el gato.

Entonces la gallinita roja les preguntó a sus tres amigos:
—¿Quién me ayudará a cortar estas espigas?

—

Y

—Yo no —maulló el gato.
—Yo no —resopló el cerdo.
—Yo no —dijo el pato.

Entonces la gallinita roja les preguntó a sus amigos:
—¿Quién me ayudará a desgranar el trigo?

—Yo no —resopló el cerdo.　　—Yo no —dijo el pato.

—Yo no —maulló el gato.

—Entonces yo desgranaré el trigo —dijo la gallinita roja.

Y así lo hizo.

Entonces la gallinita roja les preguntó a sus amigos:
—¿Quién me ayudará a moler el trigo para hacer harina?

—Yo no —resopló el cerdo.
—Yo no —dijo el pato.
—Yo no —maulló el gato.

Entonces la gallinita roja les preguntó a sus tres amigos: —¿Quién me ayudará a hacer pan con la harina?

—Yo no —maulló el gato.
—Yo no —resopló el cerdo.
—Yo no —dijo el pato.

—Entonces yo haré pan con la harina —dijo la gallinita roja.

Y así lo hizo.

Y así lo hicieron—

Y así lo hicieron—

la gallinita roja y sus tres pollitos.

Y así lo hizo.

Entonces la gallinita roja llamó a sus amigos:

—¿Quién me ayudará a   comer este pan?

—¡Yo sí! —dijo el pato.

—¡Yo sí! —maulló el gato.

—¡Yo sí! —resopló el cerdo.

—¡Ni hablar! —dijo la gallinita roja—.

Nosotros nos comeremos el pan.

Y así lo hicieron—

la gallinita roja y sus tres pollitos.

¡Espectacular!

Haz títeres de animales. Usa tus títeres para representar *La gallinita roja*.

Quiero, quiero un amiguito

por Graciela M. Peña

Quiero, quiero un amiguito
con quien pueda yo jugar.
Jugaremos muchos juegos
y podremos platicar.

Jugaremos muchos juegos
que nos den mucho placer.
Y cuando ya terminemos
Mamá nos dará de comer.

COMELONES

por Lara Ríos

Dulce de mora
para Eleonora.

Pudín de pan
para Julián.

Queso y jamón
para Ramón.

Jalea de fresa
para Teresa.

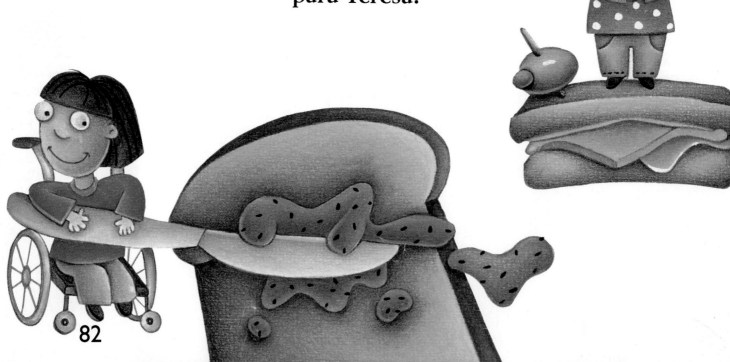

82

Un buen café
para José.

Turrón de miel
para Miguel.

Dulce melón
para Gastón.

Y un tarro de maní,
¡sólo para ti!

La panaderita
una canción tradicional

A la entrada del pueblo y a la salida,
hay una panadera, panaderita, panaderita.
¡Qué panadera linda y chiquita,
qué panadera, panaderita!

Al besarla le ha dicho hoy,
su abuelita:
Eres sabrosa, niña,
como la miga, como la miga.
¡Qué panadera, linda y chiquita,
qué panadera, panaderita!

85

Comparte cuentos
con Len Cabral

Len Cabral es un cuentacuentos. Aquí lo vemos contando una fábula africana. La gente ha contado esta fábula durante cientos de años.

86

¡Te toca a ti!

Cualquiera que conozca un cuento puede ser un cuentacuentos. Esta niña está contando uno de sus cuentos de hadas favoritos. ¿Puedes adivinar cuál?

Ahora te toca a ti. ¡Cuéntales un cuento a tus amigos!

87

EL PARQUE

por Alma Flor Ada

Vámonos al parque,
amigo,
ven, ven a jugar
conmigo.

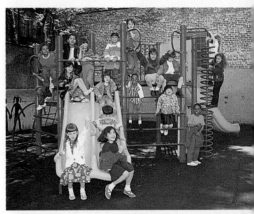

Saltar, correr,
brincar, trepar
co lum piar nos
des li zar nos.

Mirar los perros,
pájaros y hojas
y, entre las ramas,
ardillas rojas.

¡Qué contenta estoy,
amigo,
de poder jugar
contigo!

Acerca de **Cecilia Beuchat**

Cecilia Beuchat escribió sus primeros poemas a los nueve años. Hoy escribe sobre cosas de todos los días.

Acerca de **Mabel Condemarín**

A Mabel Condemarín le gustaba leer libros y dar clases a sus muñecas. Ahora, ella es maestra.

EL NABO

contado por
Cecilia Beuchat y Mabel Condemarín
ilustrado por Susan Guevara

Érase una vez un abuelo que
plantó un nabo y le dijo:

—¡Crece, crece pequeño nabo! ¡Crece y hazte mayor!

Y el nabo se hizo mayor y dulce,

y llegó a ser enorme.

Un día, el abuelo fue a arrancarlo.

Tiró y siguió tirando, pero no
pudo sacarlo.

97

Entonces, llamó a la abuela.

La abuela tiró del abuelo.

El abuelo tiró del nabo.

Y tiraron, una y otra vez, pero no pudieron arrancarlo.

La abuela llamó a su nieta.

La nieta tiró de la abuela.
La abuela tiró del abuelo
y el abuelo tiró del nabo.

Tiraron de nuevo una y otra vez,
pero no pudieron arrancarlo.

La nieta llamó al perro negro.

El perro negro tiró de la nieta.
La nieta tiró de la abuela
y la abuela tiró del abuelo
y el abuelo tiró del nabo.

Tiraron una y otra vez, pero no
pudieron arrancarlo.

El perro negro llamó al gato.

El gato tiró del perro.

El perro tiró de la nieta.

La nieta tiró de la abuela.

La abuela tiró del abuelo

y el abuelo tiró del nabo.

Tiraron y tiraron una y otra vez,
pero tampoco pudieron arrancarlo.

113

El gato llamó a la rata.

La rata tiró del gato.

El gato tiró del perro.

El perro tiró de la nieta.

La nieta tiró de la abuela.

La abuela tiró del abuelo

y el abuelo tiró del nabo.

Tiraron una y otra vez.

Y, finalmente, salió el nabo.

Acerca de **Susan Guevara**

Susan Guevara vive en San Francisco. A ella
le encantan los perros. ¡Toda clase de perros!
Pero como su apartamento es muy pequeño,
no puede tener un perro de verdad. Por eso,
ella dibuja perritos en todas partes.

¡Construye la granja del abuelo!

Construye un modelo de la granja del abuelo. ¡Asegúrate de incluir el huerto del nabo! Cuando termines, compártelo con la clase.

Cultivemos un
Huerto de la victoria

Los niños que trabajaban en el Huerto de la victoria eran todos principiantes. Quisieron cultivarlo porque parecía divertido.

mayo   julio   agosto   noviembre

Aprendieron a cultivar un huerto de principio a fin. Aquí puedes ver cómo se veía el huerto.

120

Empecemos

Cuando la tierra está bastante seca, puedes empezar tu huerto en la primavera. Aquí hay algunas cosas que los niños hicieron para preparar el huerto.

Ben lleva la carreta a la pila de abono.

Sarah escoge un paquete de semillas.

Joe y Ben compran plantitas.

Cuidemos el huerto

Cuando llegue el momento de cuidar el huerto, todos trabajan juntos.

Julie corta las hojas secas de sus plantitas de perejil antes de sembrarlas.

Sarah, Julie y Ben preparan el espantapájaros.

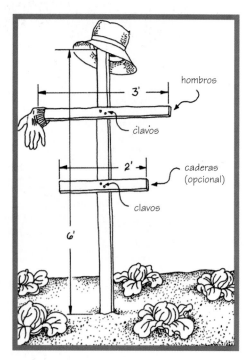

Dibujo de un espantapájaros

Compartamos la cosecha

Sarah con una sandía resbalosa

Finalmente llega el momento de cosechar el huerto. A veces puedes recoger los frutos con las manos.

Joe recoge repollos

Puedes regalar parte de tu cosecha o compartirla con tus amigos.

¡QUÉ BANDA!

**Puedes reunirte con tus amigos
para compartir una música hermosa.**

Banjo de caja de zapatos

Necesitas:

- una caja de zapatos
- cuatro elásticos

Qué hacer:

① Primero, corta pequeñas hendiduras en los lados más estrechos de la caja.

② Luego, pon los elásticos alrededor de la caja, de tal manera que entren en las hendiduras.

③ Por último, toca el banjo con tus dedos o con un palito.

124

Tambor de caja de avena

Necesitas:

- una caja de avena vacía con su tapa
- dos lápices sin punta

Qué hacer:

① Primero, decora la caja.

② Luego, toca fuertemente la caja con dos lápices.

③ Por último, mantén el ritmo de la banda.

Peine con zumbidos

Necesitas:

- un peine
- un trozo de papel encerado

Qué hacer:

① Primero, dobla el papel encerado por la mitad. Pon los dientes del peine en el pliegue o el doblez.

② Luego, sostén el peine, de tal manera que sea cubierto por el papel.

③ Luego, pon tus labios sobre el papel.

④ Por último, ¡que zumbe la melodía!

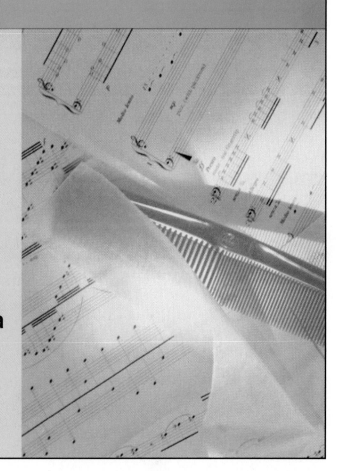

Cómo hacer un papalote

Instrucciones por Josué Piña

Josué quiso compartir algo que sabe hacer. De él podrás aprender cómo hacer un papalote.

Josué Piña
Escuela Primaria Highland
Riverside, California

A Josué le gusta jugar juegos de computadora y patinar. Cuando sea grande le gustaría ser operador de computadoras. Escogió este tema porque su papá le enseñó cómo hacer papalotes.

Cómo hacer un papalote

Primero encuentras dos palos. Luego, agarras papel y lo pegas. Por último, le pones un lazo.

¡Tú puedes hacer

He aquí algunas buenas ideas
para compartir y ayudar a otros.

1

Haz carteles de conservación.

Informa a las
personas de cómo
pueden ayudar a
cuidar de nuestro
planeta.

2

Regala libros viejos.

Si has terminado
de leerlos,
compártelos con
alguien.

3

Haz un libro de colorear.

Haz dibujos que
puedas incluir en
un libro para que
lo coloree un chico
más pequeño.

La selección es de _Nickelodeon's The Big Help Book_, por Alan Goodman.
© del texto: Nickelodeon, 1994. Publicado con permiso del autor. Derechos reservados.

la diferencia!

4

Léele a alguien que ya no pueda ver bien.

A la gente con problemas de la vista todavía le gustan los libros y los cuentos. Lo único que necesitan es que alguien se los lea.

5

Envía tarjetas a un amigo hospitalizado.

A la gente hospitalizada le gusta recibir tarjetas. ¡Tus dibujos pueden ayudarlos a sentirse mejor!

Lleva un diario de las horas que empleas ayudando a otros. ¡Ya verás la diferencia!

129

Main aux Fleurs (Mano con flores)

por Pablo Picasso

Flores

Rosa, clavel, azucena,
lirio, amapola y jazmín:
con su aroma y sus colores
hacen feliz al jardín.

por Juan Bautista Grosso

Insectos y otros amiguitos

una canción por José-Luis Orozco
ilustrada por Fian Arroyo

El piojo y la pulga

por José-Luis Orozco

Índice

¡MIRA **CÓMO** LEO!

El grillo
saltarín

¡MIRA **CÓMO** LEO!

Saltamontes
y
Hormiga

¡MIRA **CÓMO** LEO!

¿Dónde
viven las
hormigas?

LOMBRICES
MARAVILLOSAS

LIBRO DE BOLSILLO **EXTRA**

Pregúntale a Eric Carle

¿Comó se le ocurrió la idea para *La oruga muy hambrienta*?

Un día, hace más de 25 años, estaba perforando una pila de papel. Al observar los agujeros, pensé en un gusano. Más tarde, el gusano se convirtió en una oruga. Y así comenzó.

¿Cuál es su libro favorito?

Mi libro favorito es acerca de una amistad entre un ratón y un elefante.

LA ORUGA MUY HAMBRIENTA

Eric Carle

Al claro de luna reposa
un huevecillo
sobre una hoja.

Un domingo de mañana, apenas salió el tibio sol, del huevo salió una oruga diminuta y muy hambrienta.

Enseguida empezó a buscar comida.

El lunes comió, comió y atravesó
una manzana, pero aún seguía hambrienta.

El martes comió, comió y atravesó
dos peras, pero aún seguía hambrienta.

El miércoles comió, comió y atravesó
tres ciruelas, pero aún seguía hambrienta.

El jueves comió, comió y atravesó cuatro
fresas, pero aún seguía hambrienta.

El viernes comió, comió y atravesó
cinco naranjas,

pero aún seguía hambrienta.

El sábado comió, comió y atravesó

un bizcocho de
chocolate,

un pepinillo,

un helado,

un trozo de
queso suizo,

una rodaja de salame,

una paleta,

un pastel de
cerezas,

una
salchicha,

un pastelito

y una tajada
de sandía.

¡Esa noche, tuvo un tremendo dolor de estómago!

Al día siguiente era domingo otra vez.

La oruga comió una hermosa
hoja bien verde y se sintió
mucho mejor.

Ya no tenía hambre,
ni era una pequeña oruga.
¡Ahora era una oruga
grande y gorda!

Construyó una casita a su alrededor —un capullo— y se encerró en ella por más de dos semanas. Un día hizo un agujero en el capullo, empujó un poco para salir y...

¡se encontró convertida en una
bellísima mariposa!

¡Haz una tarjeta para la oruga!

¡La oruga no se sentía bien después que se comió toda esa comida! Dibuja y escribe una tarjeta para que la oruga se sienta mejor.

La abejita chiquitita

La abejita chiquitita,

zum, zum, zum,

ha perdido su casita,

zum, zum, zum,

¿quién le ayuda a buscarla?,

zum, zum, zum,

es muy fácil encontrarla,

zum, zum, zum.

por L. Diamond

161

Los pasos de la próxima página te enseñan cómo hacer un **collage**. Tal vez quieras hacer tu propia oruga.

—Es un desorden, pero divertido —dice Eric Carle.

162

1

Pinta varias piezas de papel. Déjalas secar.

2

Pinta figuras en el papel.

3

Recorta la figura. ¡Tal vez quieras hacer una cara!

4

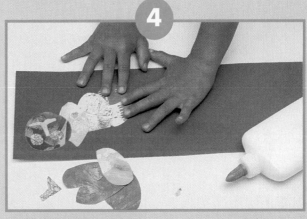

Pega la figura en una página.

Cuentos desde la telaraña

¿Qué sucede cuando una mosca queda atrapada en una telaraña? Lee estos cuentos y descúbrelo.

Rafael y Agostín estudian en una escuela de Somerville, Massachusetts. A los dos les encantan las arañas y los deportes. A Rafael le gustaría visitar El Salvador y conocer a Tacha, el perro de su tía. Cuando Agostín sea grande quiere ser astronauta.

Rafael Rodríguez

Agostín Rodríguez

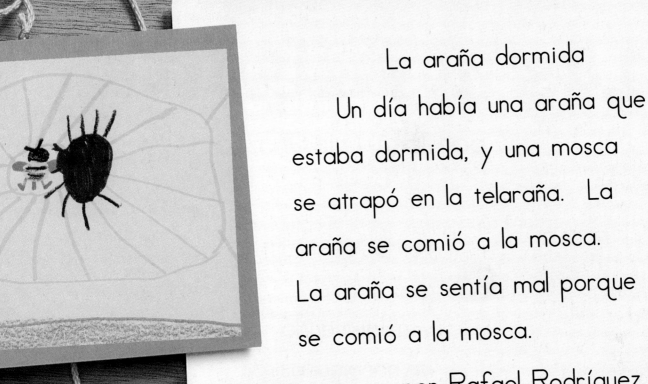

La araña dormida

Un día había una araña que estaba dormida, y una mosca se atrapó en la telaraña. La araña se comió a la mosca. La araña se sentía mal porque se comió a la mosca.

por Rafael Rodríguez

Araña

Un día Araña se metió en una casa y se comió a una mosca. Se sentía mal porque era su amiga. Entonces, ya no iba a comer más moscas.

por Agostín Rodríguez

Las hormiguitas

por José-Luis Orozco

Por los cerritos
y vereditas
van caminando
las hormiguitas.

Las hormiguitas,
las hormiguitas,
van caminando
las hormiguitas.

Por los cerritos
y vereditas
van de puntitas
las hormiguitas.

Las hormiguitas,
las hormiguitas,
van de puntitas
las hormiguitas.

ABC de mariposas

¿Qué letras ves en las alas
de estas mariposas?

Nn Ññ Oo Pp Qq Rr

Acerca de
Leo Lionni

Cuando Leo Lionni era niño, le gustaba estudiar la naturaleza y el arte. Dibujaba y coleccionaba plantas, conchas, piedras y hojas. Muchos de sus libros muestran las cosas que coleccionaba.

Su propio color

por Leo Lionni

Los loros son verdes.

Estos peces son rojos.

Los elefantes son grises.

Estos peces son rojos.

Los elefantes son grises.

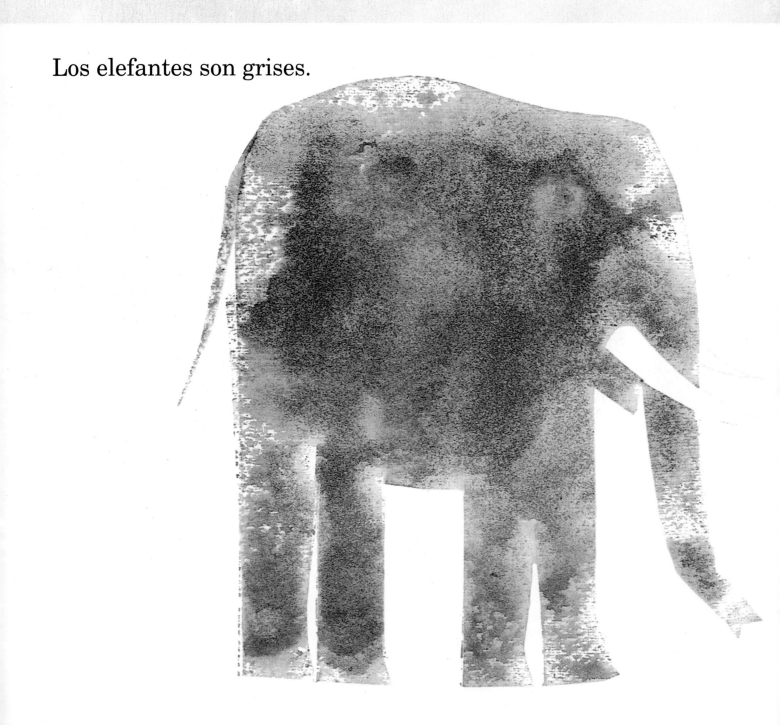

Los cerditos son rosados.

Todos los animales tienen su propio color—

menos los camaleones.

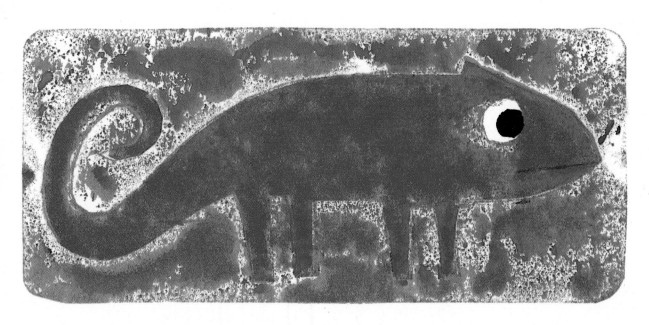

Ellos cambian de color dondequiera que van.

Son amarillos sobre los limones,

morados en el brezo,

y si están sobre un tigre... son rayados
como los tigres.

Un día un camaleón
que estaba sentado
en la cola de un tigre,
pensó entusiasmado:

"Si me quedo en una hoja,
para siempre verde seré
y entonces yo también
¡mi propio color tendré!"

Con este pensamiento, se subió alegremente
sobre la hoja más verde.

Pero al llegar el otoño la hoja se puso amarilla,
y el camaleón también.

Después la hoja se puso roja,
y el camaleón también.

Y entonces los
vientos de invierno
soplaron y arrojaron
la hoja de la rama,
y al camaleón también.

El camaleón se puso negro
durante la larga noche de invierno.

189

Pero al llegar la primavera,
salió y se adentró en la hierba verde.
Y allí encontró otro camaleón.

Su triste historia le contó:

—¿Tendremos algún día

nuestro propio color? —preguntó.

—Me temo que no —dijo el otro camaleón,
que era más viejo y más sabio—.
Pero, ¿por qué no andamos juntos?

—Cambiaremos de color
dondequiera que marchemos,
pero tú y yo siempre
nos pareceremos.

Entonces se quedaron juntos.

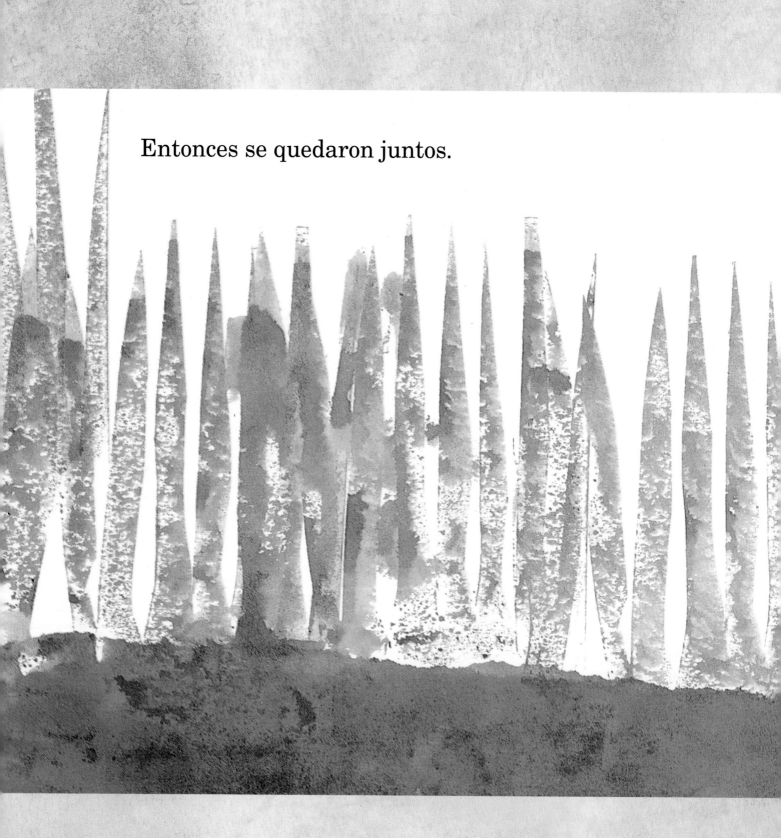

Juntos se pusieron verdes

y morados

y amarillos

y rojos con lunares blancos.
Y vivieron muy felices

para siempre.

¡VAMOS A CONTAR!

Nuestros camaleones favoritos

Vota por el color del camaleón que más te gustó en este cuento. Haz una gráfica que muestre el color del camaleón favorito de la clase.

200

Camaleón

Camaleón hermoso
que cambias la piel
—no cambies nunca
a un amigo fiel.

por Yanitzia Canetti

Datos divertidos

camaleón

El camaleón usa su cola larga para agarrarse de las ramas como un mono.

Por su color rojo,
sabemos que esta
rana es venenosa.

rana venenosa

mantis

La mantis usa
las patas para
cepillarse los dientes.

ACKNOWLEDGMENTS

For each of the selections listed below, grateful acknowledgment is made for permission to excerpt and/or reprint original or copyrighted material, as follows:

Selections

"Cultivemos un Huerto de la victoria," originally published as a selection from *The Victory Garden Kid's Book,* by Marjorie Waters, illustrated by George Ulrich. Copyright © 1988 by Marjorie Waters and WGBH Educational Foundation. Reprinted by permission of Globe Pequot Press.

La gallinita roja, originally published as *The Little Red Hen* by Byron Barton. Copyright © 1993 by Byron Barton. Reprinted by permission of HarperCollins Publishers.

Mis amigos, originally published as *My Friends,* by Taro Gomi. Copyright © 1989 by Taro Gomi. First published in Japan by Ehonkan Publishers, Tokyo. English translation rights arranged through Japan Foreign Rights Centre. First published in the United States by Chronicle Books. English text copyright © 1990 by Chronicle Books. Reprinted by permission of Chronicle Books.

"El nabo," from *A ver, a ver, ¿vamos a leer?* by Cecilia Beuchat and Mabel Condemarín. Copyright © 1989 by Editorial Universitaria, S.A., María Luisa Santandes, 0477 Santiago, Chile. Reprinted by permission.

La oruga muy hambrienta, by Eric Carle. Copyright © 1994 by Eric Carle. Reprinted by permission of Philomel Books, a division of the Putnam & Grosset Group.

"¡Qué banda!" originally published as "Join the Band," from *Sesame Street* magazine, June 1994. Copyright © 1994 by Children's Television Workshop. Reprinted by permission.

Su propio color, originally published as *A Color of His Own,* by Leo Lionni. Copyright © 1975 by Leo Lionni. Reprinted by permission of the author.

"¡Tú puedes hacer la diferencia!" originally published as a selection from *Nickelodeon's The Big Help Book,* by Alan Goodman. Copyright © 1994 by Nickelodeon. Reprinted by permission. All rights reserved.

Poetry

"La abejita chiquitita," by L. Diamond, from *Literatura para el jardín de niños,* by Norma Elena Gamboa Castro and Cecilia Eugenia Audirac Soberón. Copyright © 1988 by Fernández Editores, S.A., México. Every attempt has been made to locate the rightsholder of this work. If the rightsholder should read this, please contact Houghton Mifflin Company, School Permissions, Boston, MA 02116-3764.

"Comelones," by Lara Ríos, from *Algodón de azúcar,* Editorial Costa Rica, 1976. Copyright © 1987 by Farben Grupo Editorial Norma, San José, Costa Rica. Reprinted by permission.

"Flores," from *Reír cantando,* by Juan Bautista Grosso. Every attempt has been made to locate the rightsholder of this work. If the rightsholder should read this, please contact Houghton Mifflin Company, School Permissions, 222 Berkeley Street, Boston, MA 02116-3764.

"Las hormiguitas," from *De Colores and Other Latin-American Folk Songs for Children,* by José-Luis Orozco. Copyright © 1994 by José-Luis Orozco. Reprinted by permission of Dutton Children's Books, a division of Penguin Books USA, Inc.

"El parque," from *A la sombra de un ala,* by Alma Flor Ada. Copyright © by Alma Flor Ada. Reprinted by permission of BookStop Literary Agency for the author.

"Quiero, quiero un amiguito," by Graciela M. Peña. Copyright © by Graciela M. Peña. Every attempt has been made to locate the rightsholder of this work. If the rightsholder should read this, please contact Houghton Mifflin Company, School Permissions, 222 Berkeley Street, Boston, MA 02116-3764

Additional Acknowledgments

Special thanks to the following teachers whose student's compositions appear in the Taller de escritores feature in this level: Rita Brown, Highland Elementary School, Riverside, California; Susan Wing, East Somerville Community School, Somerville, Massachusetts.